JN222482

もやもやしたら、どうする？

自分でできる！ 心と体のメンテナンス

監修 荒川雅子

性・恋愛で、もやもやしたら

3

編著 WILLこども知育研究所

はじめに

　ちょっと元気が出ないときやなやみがあるとき、自分のためにしていることはありますか？　私は、今は大学の講師をしていますが、前までは保健室の先生をしていました。保健室には心や体に、いろいろなもやもやをかかえた人たちがやってきます。

　このシリーズでは、そんなもやもやから、自分で自分を少しでも楽にしてあげられるメンテナンスの方法をしょうかいしています。

　3巻では、「『好き』ってどういうこと?」「恋人のことがこわい」「『男だから』『女だから』って決めつけないでよ」など、恋愛や性のなやみから、自分を救い出すメンテナンスを取り上げます。

　保健室のとびらをノックするように、気軽に本を開いてみてください。途中から読み始めても、気になるページだけ読むのもOKです。自分の心と体を大事にできる人になってくれるとうれしいです。大人になろうとしているみなさんを応援しています。

東京学芸大学芸術・スポーツ科学系養護教育講座講師
荒川雅子

もくじ

「好き」って どういうこと?

4

「好き」の正体がわからない をメンテナンス

自分のことなのに、自分の気持ちがよくわからない。
人を好きになるってどういうことなんだろう？

もやもや❶ 人を好きになる気持ちがわからない

友達は恋の話で盛り上がっているけど
興味をもてなくて、話に入れない……。

私も少し前まではそうだったけど、今は好きな人がいるよ。
いつか、自然に好きな人ができるんじゃないかな。

家族も好きだし、友達も好きだけど、それは恋の「好き」とは
ちがうの？　いろいろな「好き」があるってこと？

もやもや❷ 気になる人がいるけれど……

最近シュンくんのことばかり
見ちゃう。気になるけど、
これが好きってこと？

気になるのは、その人のことが
知りたいからだよね。それって
「好き」ってことじゃない？

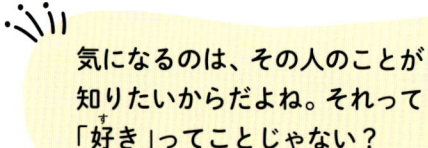

好きかどうかってどうすればわかるの？
体温計みたいに、好き度合いが測れる
道具があればいいのに。

もやもや❸ 男だけど、男の子が気になる

同性の友達をかっこいいなと
思うし、ドキドキする。
これっておかしいのかな？

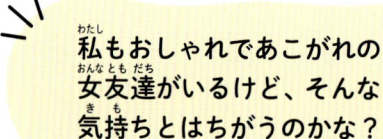
私もおしゃれであこがれの
女友達がいるけど、そんな
気持ちとはちがうのかな？

ぼくも応援している
男性アイドルがいるよ。だれを
好きになってもいいんじゃない？

「好き」は一つじゃない

人への「好き」という気持ちは、いくつか種類があります。例えば家族への「好き」、友達への「好き」、アイドルへの「好き」、恋の「好き」などです。比べてみると、同じ「好き」でも、その気持ちには少しずつちがいがあるのがわかるでしょう。

そして、さまざまな「好き」の中には、名前のつけられないものもあります。友情なのか、恋なのか、自分でもわからないことがあるのです。そういうときは、無理に答えを出そうとしなくても大丈夫。まずは「好き」という気持ちを大切にしましょう。

ありのままを大事にしよう

感情は自然に生まれてくるものです。だれかのことが「気になる」気持ちが、明確に「好き」という気持ちになることもあれば、そのまま変わらないこともあります。

無理に「好き」に当てはめず、ありのままの気持ちでいてOKです。相手のことを知る中で、自分の気持ちが変わることもありますよ。

「好き」は自由なもの

ねこが好きな人がいれば、犬が好きな人もいるように、好きなものは人それぞれで、それは人が人を好きになるときも同じ。だれかに決められるものではありません。異性を好きになってもいいし、同性を好きになってもいいし、その人の心のままでいることが大切です。

人を好きになるタイミングだって、人によってちがいます。いつ恋をしても、恋をしてもしなくても、その人の自由なのです。

荒川先生から

自分のペースを大事にしよう

小学校中学年から高学年くらいになると、好きな人ができたり、中にはおつき合いを始める友達が出てきたり、恋をする人も増えてきます。ただ、だからといって、みんなが同じように、恋をしなければいけないわけではありません。人を好きになるのも、だれかとおつき合いするのも、あなたのペースでよいのです。

今は、恋よりも友達と体を動かして遊ぶほうが楽しいという人もいれば、習い事に夢中な人もいるでしょう。どんなことでも、自分が好きでやりたいと思うことに一生懸命取り組むことが、自分の成長にもつながっていきます。

好きな人が できたけど……

恋のなやみをメンテナンス

好きな人がいると楽しいけれど、なやみもつきない！
緊張して、いつもの自分でいられないし……。どうしたらいいのかなあ。

➕

もやもや❶ 好きな人と話せない

 好きな人と楽しくおしゃべりしたいのに、ドキドキして話せない。他の友達とはしゃべれるのに……。

私もそう！　話しかけても、盛り上がらなかったらどうしよう……と思うと勇気が出ないんだよね。

 ぼくは話しかけられても、はずかしくてうまく話せないし、そっけなくしちゃう。ほんとうは優しくしたいのに……。

もやもや❷ 友達と同じ人を好きになった

 友達と仲よくしたいから、好きな人のことはあきらめたほうがいいのかな……。

私だったら、打ち明けてライバルになる！　友達にうそをつくのはいやだもん。

でも、ほんとうのことを話したらきらわれちゃうかも。友情が終わっちゃったらいやだな。

もやもや❸ 友達にしっとしてしまう

 友達のことも大好きだけど、友達が好きな人と話してると、もやもやしちゃう。

それって「しっと」じゃない？私も友達が別の子と遊んでいると、しっとしちゃうことあるよ。

「○○とは話さないで！」なんて言えないし、どうしたらいいんだろう。

好きな子と仲よくなるコツ

好きな人には「きらわれたくない」「よく思われたい」と思うからこそ、緊張するのは自然なこと。まずは、「おはよう」「また明日!」など、あいさつから始めてみましょう。また、人は好きなものが同じだと話がはずみます。好きな音楽や映画、本や漫画などの話題をふって「○○さんはどう思う?」と相手の気持ちを聞くと、会話が続きやすくなりますよ。

心細いときは、あなたの気持ちを知っている友達に協力してもらうのも一つの方法。友達といっしょなら、リラックスして話せるかもしれません。

恋愛に「正解」はない

恋愛にはルールも、正解もありません。友達と同じ人を好きになったとき、打ち明けるのか、あきらめるのか、内緒で思い続けるのかはあなたが決めてよいのです。

だれかを傷つけたり、「自分ががまんすればいい」と投げやりになったりせず、たくさんなやんで自分なりの選択ができるといいですね。

恋を実らせたい?
後悔しないためには?

しっとするのは悪いこと?

「あんなに仲よくしてる」と友達にしっとしてしまうのは、その子のことをうらやましく思っているからかも。そして「私なんて……」と自分に自信がもてないのも原因の一つでしょう。

そんなマイナスの気持ちを、「友達を見習いたい」「自分もがんばろう」というプラスの力に変えてしまいましょう。友達の「いいな」と思うところをまねしたり、自分の長所に目を向けたりすることで、しっとを自分の成長のきっかけに変えられますよ。

しっとをプラスの力に変えよう!

あの子ばかりずるい
しっと

あの子を見習ってみよう
いいところをのばそう

荒川先生から

自分の気持ちも、周りの人の気持ちも

恋をするとうれしい気持ちになったり、悲しい気持ちになったり、感情がゆれ動くのは自然なことです。そのときそのときの自分の気持ちを大事にしていきましょう。

もし一人でかかえきれないときには、信頼できる友達や大人に打ち明けてみてください。自分の気持ちを言葉にするだけでも、心が落ち着いたり、自分でも気づかなかった自分の気持ちに気づいたりすることもあります。

さらにそのうえで、周りの人の気持ちを想像してみることも大切です。自分の気持ちをおしつけたり、思うままに行動したりするのではなく、「○○さんはどう思うかな?」と相手の気持ちを想像できるとよいですね。

「好き」ってどこから来るの？

「好き」という気持ちはどこからやってくるのでしょう。
好きな人を見るとドキドキするから、心臓？　それとも、考えるときに働く脳？
「好き」という感情が生まれるしくみを探ってみましょう。

好き・きらいを決めるのはどこ？

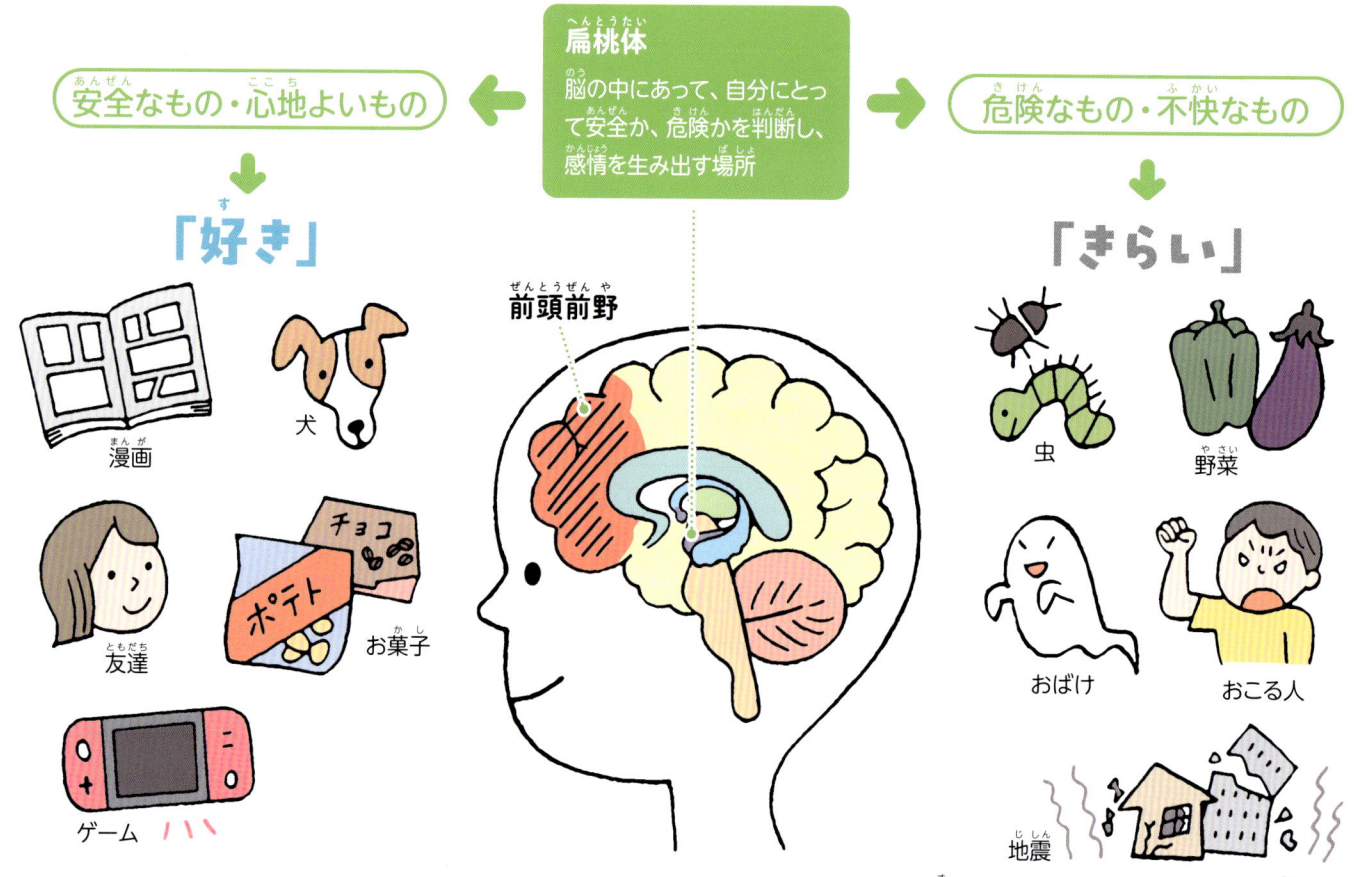

扁桃体
脳の中にあって、自分にとって安全か、危険かを判断し、感情を生み出す場所

安全なもの・心地よいもの ← **扁桃体** → 危険なもの・不快なもの

↓ 「好き」　　　　　　　　　↓ 「きらい」

前頭前野

漫画　犬　友達　チョコ　ポテト　お菓子　ゲーム

虫　野菜　おばけ　おこる人　地震

※「好き」「きらい」のイラストは、あくまでも例です。

感情を生み出す「扁桃体」の働き

　脳は、人を動かす「司令塔」です。脳の働きによって、人は感じたり、考えたり、体を動かしたりできます。人の感情に関わる部位で、特に重要な役割をもっているのが、脳の左右にある「扁桃体」です。

　扁桃体は、見たり、聞いたり、さわったりして、外から受け取ったさまざまな情報から、それが自分にとって安全か危険かを一瞬で判断します。そのと

きに、好き・きらいや、楽しい、悲しい、こわいといった感情も生み出しているのです。例えば、目の前に毒ヘビが現れたとき、扁桃体は「危険だ」と判断し、同時に「きらい」「こわい」といった感情を生み出します。反対にふわふわしてかわいい子犬をだっこしたときは、扁桃体はそれを自分にとって「安全で心地よいもの」と判断し、「好き」「かわいい」などの感情を作り出します。

好き・きらいが変わるのはなぜ？

小さいときはきらいだった食べ物が好きになるなど、好き・きらいが変わることはよくあります。
でも、どうして好き・きらいは変わっていくのでしょうか？

経験によって変化する好き・きらい

小さいころはきらいだった食べ物や苦手だった運動が、大きくなって好きになるなど、成長とともに好き・きらいが変わることはよくあります。反対に好きだったことがきらいになることもあるでしょう。これにも脳の働きが関係しています。

扁桃体は、記憶をもとに物事を判断する「前頭前野」とつながっているので、さまざまな記憶が、好き・きらいを判断する材料となります。そのため、きらいな食べ物もがんばって食べているうちに、「食べられた！」「この味つけならおいしいかも」といった経験が積み重なると、何かのきっかけで「きらい」が「好き」と感じるようになることもあるのです。

運動で楽しい経験を積み重ねると……

運動がきらい → 友達といっしょに運動して楽しかった → うまくできることが増えた → 運動が好き

経験によってきらいが好きに変わる！

「好き」を分解してみよう

好きな人がいる人は、その「好き」を分解してみましょう。「かっこいいから」「話がおもしろいから」など、どんなところを好きになったのか、その理由を思いつくだけ挙げてみます。そうすると、相手のよいところがよくわかって、自分の「好き」という気持ちがどこから来るのかが、わかるかもしれません。

好きな人のどんなところが好きなんだろう？

優しい
おしゃれ
運動ができる
友達が多くて人気者
かわいい
勉強を教えてくれる
おもしろい
好きなものが同じ

ちなみに子どもは脳が発達途中で、前頭前野よりも、本能的に好き・きらいを判断する扁桃体のほうが強く働きます。そのため、出会った瞬間に相手を好きになってしまう「ひとめぼれ」をしやすいといわれています。

「好き」のあり方はさまざま

「好き」のあり方は一人一人ちがいます。
その形はさまざまで、決まったルールはありません。
好きになる相手も、恋をする・しないもその人が決めることで、自由なのです。

異性を好きになる

同性を好きになる

男性も女性も好きになる

ものに対して恋愛感情をもつ

アニメなどのキャラクターが好き

恋愛感情をもたない

どんな性をもつ人を好きになるのか、まだわからない

人によってちがう「好き」の形

　好きになる相手は、人によってちがいます。異性を好きになる人もいれば同性を好きになる人もいます。また、好きになるのに性は関係ないという人もいます。「今はどんな性をもつ人を好きになるのかわからない」「好きになる相手の性が変わった」「好きになる性を探しているところ」という人もいて、どんな人に恋をするかは、その人の自由です。

　他にも、恋をする相手が生きている人間ではない人もいますし、だれに対しても恋をしないという人もいます。恋をしてもしなくても、相手がだれであっても、それがその人の「ふつう」で人と比べることはありません。

　同じ「好き」をもつ仲間を探して、自分らしくいられる場所を見つけてみてください。

同性婚が認められている国は？

男性と男性、女性と女性といった同性カップルの結婚（同性婚）が認められているのは、2025年1月現在、ヨーロッパや南北アメリカを中心に世界で39の国と地域です。だれを好きになるかは自由なのに、同性同士の結婚が認められていない国はまだ多く、日本もその一つです。

同性との結婚を法律で認めている国と地域

オランダ	ベルギー	スペイン	カナダ	南アフリカ	ノルウェー	スウェーデン	ポルトガル
アイスランド	アルゼンチン	デンマーク	ブラジル	フランス	ウルグアイ	ニュージーランド	イギリス
ルクセンブルク	メキシコ	アメリカ	アイルランド	コロンビア	フィンランド	マルタ	ドイツ
オーストラリア	オーストリア	台湾	エクアドル	コスタリカ	チリ	スイス	スロヴェニア
キューバ	アンドラ	ネパール	エストニア	ギリシャ	リヒテンシュタイン	タイ	

「結婚の自由をすべての人に」

2024年3月、日本で同性のカップルの人たちが
「結婚の自由をすべての人に」とかかげ、
同性カップルの結婚を認めない民法などの決まりは
憲法に違反するとして、国をうったえた裁判が行われました。
札幌高等地方裁判所は、「同性との結婚を認めないのは、
違憲（憲法違反）」との判決を言い渡しました。
今後、異性との結婚と同じように、
同性婚の自由が認められることが望まれます。

国内でも、一部の市区町村には二人が人生のパートナーであることを証明する「パートナーシップ制度」があります。しかし、法的な力がないため、男女の夫婦にはある権利が認められないものもあり、制度としては不十分です。

「つき合う」ってどういうこと？

つき合い方がわからない をメンテナンス

両思いにはあこがれるけど、つき合うと何か変わるのかな？
イチャイチャしたり、相手を優先したりしなくちゃいけないの？

もやもや❶ 「つき合う」って何をするの？

つき合ったら何をするの？
お姉ちゃんに聞いても、友達とのちがいがよくわからないんだ。

おたがいの家でゲームをしたり、手をつないだり、
二人きりで楽しむのが「つき合う」ってことなんじゃない？

だれかと「つき合う」なんて、想像できないな。そもそも、
好きな人と両思いになったら、つき合わなくちゃいけないの？

もやもや❷ 相手に「いや」と言えない

肩を組まれたり、腕をつかまれたり、
体にさわられるとビクッとする。

いやなことは言ったほうが
いいと思う。ほんとうに
好きなら、やめてくれるはずだよ。

好きだから余計に言いづらいんじゃ
ない？ 相手に喜んでもらいたいし、
いやがったらきらわれそうだし……。

もやもや❸ 「いや」と言ったらぎくしゃくした

「いや！」って大きな声を
出したら、気まずくなっちゃった。
きらわれたかな？

「いや」って伝えるのは
いいと思うけど、相手は
ショックかもしれないね……。

なんでいやなのか、
話したらいいんじゃない？
好きならわかってくれるよ！

おたがいの気持ちを大切に

「つき合ったら、こうしなければいけない」という ルールはなく、つき合い方は人それぞれです。二 人でどんなことを楽しみたいか、何をしたいか話し 合えるとよいですね。

恋人（こいびと）とはいえ自分とは別（べつ）の人間。考えがちがう のはふつうのことです。そん なとき、一方ががまんしたり いつも意見（いけん）を通したりするの ではなく、おたがいの気持ち を聞き合うことが大事（だいじ）です。

あのね うんうん

気持ちの上手な伝え方

いやなことをされたとき、その気持（きも）ちを伝（つた）えるこ とはとても大事（だいじ）です。でも、感情（かんじょう）をそのままぶつけ てしまうと、相手を傷（きず）つけたり、誤解（ごかい）されたりする ことがあります。「こういうところがいや!」と責（せ）め るのではなく、「肩（かた）を組まれたとき、おさえつけられ るみたいでこわかったんだ」などと、いやだった理 由（ゆう）や自分の気持ちを伝えましょう。また、「優（やさ）しく手 をつないでほしいな」などと、自分はこうしたいと いう意見（いけん）を伝えることも大事です。

がまんせず伝（つた）えよう

「好（す）きだから」「きらわれたくないから」と相手（あいて）に 合わせてばかりいると、だんだん苦（くる）しくなり、相手 のことも自分のこともきらいになってしまうかもしれ ません。まずは、自分のことを大事（だいじ）にしてください。

特（とく）に、されていやなことがあるときは、がまんせ ずに伝（つた）えましょう。相手も言われて初（はじ）めて気づくこ とかもしれません。言いづらいかもしれませんが、 おたがいにとってよい関係（かんけい）を築（きず）くためには大切なこ とです。

こんなときは「いやだ」と言おう

- 傷（きず）つくことを言われたとき
- やりたくないことを強制（きょうせい）されたとき
- 体をさわられて違和感（いわかん）があったとき
- プライベートパーツ（→P.24）にさわ られたとき
- 自分の意見（いけん）を聞いてもらえないとき
- 相手（あいて）のことがこわいと思ったとき

※言うのが難（むずか）しいときは、家族（かぞく）や先生、 スクールカウンセラーなど、信頼（しんらい）でき る大人に相談（そうだん）してください。

荒川（あらかわ）先生から

自分たちらしい「つき合い方」を

「つき合う（恋人同士（こいびとどうし）になる）」と何が、どんな ふうに変（か）わるのか、不安（ふあん）に思うのは当然（とうぜん）です。そ ういうときには、その気持（きも）ちをそのまま相手（あいて）に伝（つた）え てみてはどうでしょうか? 気持ちを確（たし）かめ合えた だけで満足（まんぞく）なのであれば、何かを変えようとする 必要（ひつよう）はありません。自分たちらしく、毎日が楽しく なるようなおつき合いをしましょう。

また、つき合っている相手ができたことは、保 護者（ほごしゃ）に伝えておくことをおすすめします。何かあっ たときに相談（そうだん）しやすいですし、かくしごとがあると 二人の時間を心から楽しめないからです。

二人で出かけるときや、おたがいの家に遊（あそ）びに 行くときなどに、保護者に伝えておけるといいです ね。

恋人のことがこわい

20

恋人の態度がこわいを メンテナンス

恋人が「こわい」「息苦しい」って感じることがある。
でも、優しくて楽しいときもあるから、どうしていいかわからないよ。

もやもや❶ 友達と遊ぶ約束におこる

彼氏は、私が友達と遊ぶ約束をすると、機嫌が悪くなる。
私は彼氏が友達と遊びに行っても気にならないんだけど……。

好きだから、いつもいっしょに
いたいんだよ！

そんなのおかしいよ！ いやだって言ったほうがいいと思う。
つき合ってる人がいても、友達と遊ぶのは自由じゃない？

もやもや❷ 好きなものを否定される

好きなキャラクターグッズを
「ダサいから、持たないで」って
言われた。聞かないといけないの？

好きなものを否定されたら
悲しいよね。その気持ちを
伝えてみたら？

私だったら、好きな人の意見に
合わせちゃうかな。だって、もっと
好きになってもらいたいから……。

もやもや❸ チャットの返事がおそいとおこる

チャットの返事がおくれると
すごくおこる。なんだか
つかれてきちゃった。

そんなこと言われても、スマホが
見られない時間もあるよね。
自分の時間も大切にしたいし……。

私は相手の返事がおそいと
イライラしちゃう！
だってつき合ってるんだよ。

「束縛」は愛情じゃない

人の行動の自由をうばうことを「束縛」といいます。人から「〜しないで」「〜してよ」と行動を決められるのは、だれにとっても苦しいことです。束縛をする人は、「好きだから」「心配だから」というかもしれませんが、好きな人を苦しませることが愛情ではありません。

ほんとうに愛情があれば、相手のやりたいことを応援できるし、友達や家族との関係も大切にしてほしいと思えるでしょう。

いろいろな束縛

- 友達と遊ばないで
- 5分以内に返信して
- 習い事を休んで
- 他の女（男）と話さないで
- スマホをチェックさせて
- 私（オレ）の好きな服装にして

何を言ってもいいのではない

恋人とは「何でも言い合えるのが理想」と思うかもしれません。でも、それは何を言ってもいいということではありません。

自分の好きなものを否定されたり、がんばっていることをばかにされたりしたら、だれだって傷つきます。これは言葉の暴力です。恋人である前に、だれに対してでも許されることではありません。

自分を守ることを第一に

いやなことは「いや」「やめて」と相手にはっきり伝えましょう。それでもやめてくれないときには、すぐにその場からはなれて大人に相談し、自分の身を守ってください。がまんして関係を続けると、束縛などの行動がひどくなることも多いからです。

相手が「別れたくない」と言ったとしても、別れるのに同意は必要ありません。別れたいのに同意してくれない相手とは、二人で会うのはやめましょう。

荒川先生から

「つき合う」とは、対等な関係

相手がいつも自分の思ったとおりに反応してくれると、うれしく感じたり安心したりすることがあるかもしれません。でも、それはよい関係なのでしょうか？　相手は自分の意見が言えず、無理をして合わせているのかもしれません。

「つき合う」とは対等な関係ですが、相手の本心を想像して寄りそう気持ちがないと、どちらかが、またはおたがいがつらい気持ちになってしまいます。相手に合わせてがまんすることが多かったら、自分の思いを伝える勇気も必要です。

そうして、おたがいの考えのちがいに気づき、受け入れていくことでもっとわかり合えるようになります。これは恋人同士だけでなく、すべての人と関わるうえで大事なことです。

自分も相手も大切にできる ことが大人への第一歩!

恋人であっても、「したいこと」や「いやなこと」は人によってちがいます。
特にスキンシップなどについては、おたがいを思いやる気持ちが必要です。
自分も相手も大切にするためには、どうすればよいのでしょうか。

自分の体は自分だけのもの

　自分の体は、自分だけの大切なものです。中でも特に大事にしたい部分は、性器、おしり、胸、口で、これらを「プライベートパーツ」といいます。人に見せたり、さわらせたりしてはいけない自分だけの大切な場所で、他の人のプライベートパーツも勝手に見たりさわったりしてはいけません。

　自分の体のことを決められるのは自分だけです。相手が恋人でも、親でも、体にさわってほしくなければ、「いや」と伝えることが大事です。

性的同意って何?

　恋人と手をつなぎたいとき、どうしますか? そんなときは、本人に「手をつないでもいい?」と確認する必要があります。そのとき「いいよ」という返事をもらうことを「性的同意」といいます。

　他にもハグやキス、セックスなどをするときには絶対に確認する必要があり、断られたら、してはいけません。一方的に行うのは暴力（→P.26）です。

> 手をつないでもいい?
>
> うーん……。はずかしいなあ

相手にこたえてもらえなかったり、「うーん」「わからない」などあいまいだったりするときも、性的同意は得られていません。

プライベートパーツ

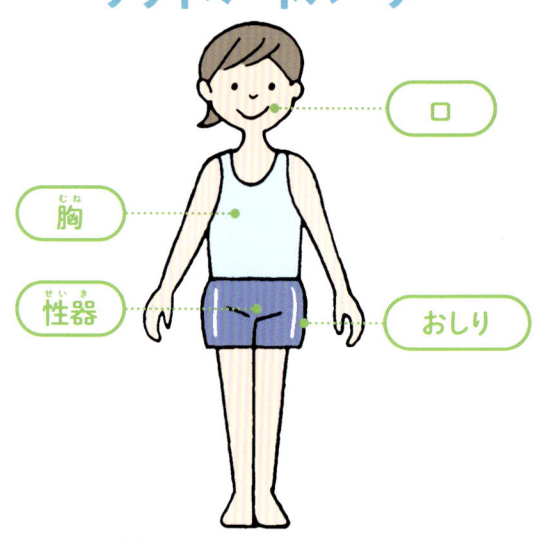

口

胸

性器

おしり

「口と、下着でかくれるところ」と覚えましょう。自分がさわられたくない場所があれば、それもプライベートパーツです。

これって正しい?「性的同意」〇×クイズ

Q1. 相手からOKをもらってハグをしたから、これからはいつでもハグをしていい

Q2. 一度「いいよ」と言ったあとに、やっぱり「いやだ」と訂正してもいい

Q3. キスをしてもいいと言われてキスをしたから、セックスもOK

Q4. 結婚した相手なら、性的同意はいらない

（答えはP.27へ）

正しく知ろう！ セックスと避妊のこと

自分を守るためにも、相手を大事にするためにも大切な知識です。
今すぐに必要でなくても、正しく知っておきましょう。

セックスって何？

セックスとは、主に男性の陰茎を女性の膣の中に入れることをいいます。子孫を残すための行い（→2巻P.40）ですが、大人になると、おたがいの愛情を確かめ合うためにすることもあります。しかし、恋人なら必ずしなければいけないのではなく、おたがいの性的同意が必要です。

また、セックスによって病気がうつったり、妊娠したりする可能性もあります。病気や望まない妊娠を防ぐための知識と準備も必要です。だからこそ、大人同士が信頼し合い、責任をもって行う行為なのです。

思春期になり、セックスに興味をもつのは自然なことです。一時の感情や雰囲気に流されず、自分の体も、相手の体も大切にできる人になることが必要です。

緊急避妊薬は「アフターピル」ともいい、婦人科や一部の薬局で手に入れることができます。

さまざまな避妊の方法

セックスをするときに、妊娠を防ぐことを「避妊」といいます。避妊にはさまざまな方法があります。

※緊急避妊薬をもらうには、婦人科や産婦人科の受診が必要です。

コンドーム

うすいゴムでできたふくろで、男性の陰茎にかぶせ、精液が女性の膣に入ることを防ぎます。性感染症を防ぐこともでき、最もよく使われる避妊法です。

低用量ピル

女性が1日一つ、毎日同じ時間に飲む薬で、排卵をストップさせて妊娠を防ぎます。月経痛やPMS（月経前症候群）（→2巻P.35）にも効果があります。

子宮内避妊具（IUD）

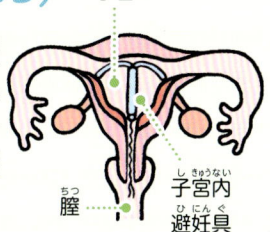

子宮

女性の子宮の中につけて、受精卵が子宮内膜に着床しづらくする器具です。医師につけてもらう必要があります。主に18〜20才以上が対象です。

膣　子宮内避妊具

緊急避妊薬

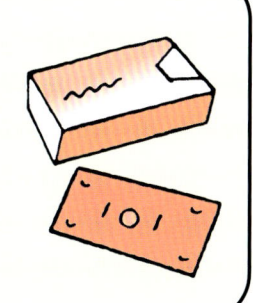

コンドームが破れて避妊に失敗したときや、望まないセックスをされたときなどに飲む妊娠を防ぐ薬です。セックスのあと72時間以内に飲みます。

「デートDV」って知っている？

「恋人のことがこわい」「恋人の機嫌を気にしてしまう」
という人はいませんか？
気づかないうちにあなたも「デートDV」を受けているかもしれません。

デートDVって何？

DVとは、Domestic Violence（ドメスティック・バイオレンス）の略で、親しい人から受ける暴力のことをいいます。そのうち恋人から受ける暴力が「デートDV」です。恋人がいたことのある女性の4人に1人、男性の8人に1人がデートDVを受けたことがあるといわれています。

暴力には体を傷つけることだけでなく、いやなことを言ったり、束縛したりすることもふくまれます。気づかないうちにデートDVをしたり、されたりしている可能性もあるのです。デートDVは決して許されることではありません。自分が被害者にも加害者にもならないために、デートDVについて知ることから始めましょう。

例えばこんなこと

心への暴力

女子と話さないで!!

どなる、バカにする、無視する、行動を制限する、
メールをチェックするなど

体への暴力

たたく、体を引っぱる、
かべにおしつけて動けなくする、ものを投げるなど

性的な暴力

勝手に体をさわる、無理やりキスや
セックスなどをする、体の写真をとるなど

お金に関する暴力

デート費用をはらわない、ものを買わせる、
借りたお金を返さないなど

デートDVはなぜ起きるの？

デートDVの原因の一つに「束縛は愛」「男は強く、女はおどなしいほうがいい」など、恋愛や男らしさ・女らしさに対するかたよった考え方があります。また、「理由があれば少しくらい暴力をふるってもいい」という暴力へのまちがった考えが原因のこともあります。

加害者の気持ち

- 女は男の言うことを聞くものだ！
- お金はいつだって男がはらうべき！
- 少しおしただけ！悪いのは相手だからしかたない
- 恋人なんだから束縛してもいい

被害者の気持ち

- おこらせないようにしなきゃ
- おこらせる自分が悪いのかな
- こわくて言いたいことを言えない
- 優しいときもあるし……

デートDVのサイクル

何度もくり返すうちに、DVがひどくなる

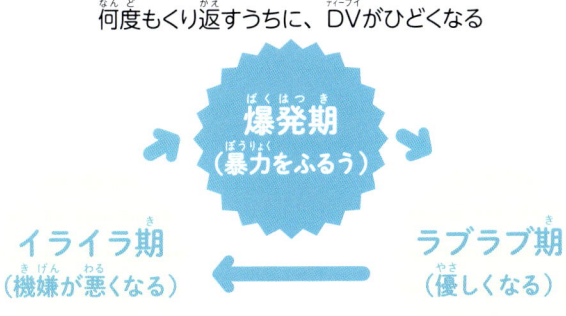

爆発期（暴力をふるう）

イライラ期（機嫌が悪くなる） → **ラブラブ期（優しくなる）**

デートDVはくり返される

DVには左の図のようなサイクルがあります。暴力をふるった（爆発期）あとは謝り、優しくなる（ラブラブ期）ので、「やっぱり愛されているんだ」「これからは優しくしてくれるかも」と思って関係を続けてしまう人が多くいます。しかし、サイクルがくり返されるにつれてひどくなりやすく、被害者は別れを切り出す気力までうばわれてしまいます。

「デートDVかも」と思ったら

デートDVは、一人で解決できる問題ではありません。
「デートDVかも」と思ったら、信頼できる大人や専門の相談窓口（→P.45）に相談してください。
できるだけ早く相手からはなれ、自分を守ることが重要です。
もし友達がデートDVを受けていることに気づいたり、
友達から相談を受けたりしたときは、話をよく聞いて
「あなたは悪くない」と伝えてあげましょう。
そして、必ず大人に相談してください。

被害者は、別れたくても「また暴力を受けるかも」と思って相手に言い出せず、苦しんでいるかもしれません。安易に「別れなよ」と言うのはやめましょう。

「男だから」「女だから」って決めつけないでよ

性別の決めつけがいやを メンテナンス

「男のくせに」「女のくせに」って言われると、なんかもやもやする。
一人一人ちがうのに、どうして性別で区別しようとするんだろう？

もやもや❶ 「女の子らしく」ってどういうこと？

「女の子らしく」って言われるのがいや！
今のままじゃだめなのかなあ。

私は「女の子らしいね」って言われるとうれしいかも。
でも、性別で服装や遊びを自由に選べないのはいやだよね。

サッカーの試合で負けてくやし泣きしたとき、「男は泣くな」って
言われたことがあるよ……。なんで男は泣いたらいけないんだろう。

もやもや❷ 男がかわいいものを好きじゃだめ?

ぼくは、かわいい
キャラクターとかピンクが好き。
これって変なの？

私は青が好き！
人それぞれでいいって思うよ！
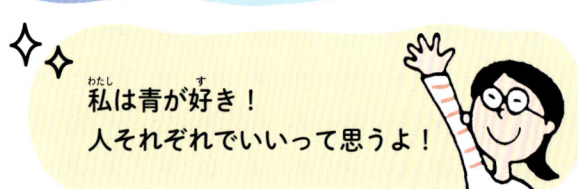

でも、男でかわいいものが好きって、
友達には言えないかも。
はずかしいって思っちゃうな。

もやもや❸ 女だけど、スカートをはきたくない

私はズボンが好き。
スカートは気持ち悪くて
いやなんだ。

服装にも好ききらいは
あるよね！

ズボンが好きなら、
ズボンでいいんじゃない？

性別より自分らしさ

「男の子は青が好き、女の子はピンクが好き」「お父さんは仕事をして、お母さんは家事をする」……ほんとうにそうでしょうか？　世の中では男女ごとの「らしさ」があることが当たり前のように考えられています。

でも、その「らしさ」は従わないといけないものではありません。あなたはあなたにしかない「自分らしさ」をもっています。好きなもの、やりたいことを大切にして、自分らしさをみがいていきましょう。

性別に関わる思いこみ

制服はズボン

ぼく・オレ　私・うち

制服はスカート

青・黒が好き

ピンク・赤が好き

お父さんは仕事をする

お母さんは家事をする

何を好きでいるかは自由

好みは、自分らしさを作っているパーツの一つなので、自分とは切っても切り離せないものです。何を好きでいるかは自由で、だれかに何か言われたとしても気にしなくてOK。同じものを好きな友達がいると、心強いですね。

自分が心から好きだと思うものを大事にして、自分の感性に自信をもちましょう。

もやもやしたら相談しよう

性別に沿ったふるまいを求められて、もやもやしたとき「なぜこんな気持ちになるのかわからない」ととまどう人もいるでしょう。そんなときには、信頼できる学校の先生やスクールカウンセラーに、そのままの思いを話してみてください。

話を聞いてもらうだけでも心が楽になることがあります。また、話しているうちに、自分がなぜそんな気持ちになるのか、理由が見つかる場合もあるでしょう。いっしょに対策を考えることもできます。

荒川先生から

学校生活できゅうくつを感じたら……

決められた性別に分けられることで、学校生活にきゅうくつを感じることがあったら、まずは先生に相談しましょう。対策を練ってくれる学校が増えています。どうしたら自分が過ごしやすくなるか考え、その希望を伝えることも大切です。

例えば

トイレ

多目的トイレや先生用のトイレを使う

宿泊学習

入浴時間をずらす、ねるときは個室を使う

制服・水着

自分らしい服や体の線が出ない水着を選ぶ

自分の性別が
しっくりこない

性別がしっくりこないをメンテナンス

生まれたときに決められた性別がなんとなく気持ち悪い。
なんでこんな気持ちになるんだろう？　そもそも性別って必要なのかな？

もやもや❶ 胸が大きくなってきて、気持ち悪い

胸が大きくなってきたのが、とにかく気持ち悪い。
これからもっと大きくなるのかと思うと、いやでしょうがないんだ。

私は胸が大きくなってきたとき、うれしかった！
ブラジャーを着けている友達も増えていたから、ほっとしたんだ。

私も大きい胸は気持ち悪いし、できることならとってしまいたい！
これって、私の心が男だからなのかなあ。

もやもや❷ 自分の性がよくわからない

女子と遊んでいるほうが楽しいし、
かわいいものも好き。でもスカートは
はきたくない。ぼくの性別って？

ぼくは女の子になりたくて、髪を
のばしていたけど、今は気持ちが
変わって、髪も短く切ったよ。

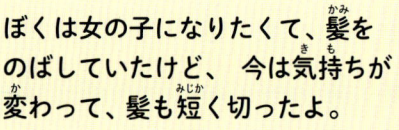

私は、女の子のことが好きなんだけど、
これって心が男ってこと？　自分が
男か、女か、考えても答えが出ないよ。

もやもや❸ 性別を分類されるのがいや

男と女の他にいろいろな性が
あるらしいけど、自分はどれ
にも当てはまらない気がする。

自分を男とか女とか、言葉で
表せないってどんな気持ちなんだ
ろう？　不安じゃないのかな？

いろいろな性別の人がいるなら、
分類するのは難しいよね。
自分は自分でいいんじゃない？

体の変化にとまどうのは当然

　思春期は、体が大きく変わる時期です。そのため、自分の体が自分のものでないような感覚をもったり「体は女だけど、気持ちは男」など、体と心の性のちがいを感じてとまどったりする人もいます。このような違和感をもつことはめずらしいことでも、変なことでもありません。

　もし、違和感がつらいときは、病院で医療的なサポートを受ける方法もあります。

心の性はゆらぎやすい

　自分自身で思う性別は「心の性」といわれます。「自分は女・男」と心の性がはっきり決まっている人もいますが、まだわからない人や迷っている人、変化する人もいます。特に思春期は体も心も成長途中のため、心の性がゆらぎやすい時期です。

　「自分は男かも」と思った次の日に、「やっぱり女」と思ったとしても、おかしなことではありません。もし自分の性別に疑問をもち、なやんでいるのなら、信頼できる大人に相談してみましょう。

性別は分類できないもの

　性別は男性と女性の二つだけではありません。心の性が男でも女でもない人もいて、その中には「男でもあり女でもある人」「性別を決めたくない人」「性別がゆれ動く人」「心は女性寄りだけど、男性だと思うこともある人」などさまざまな人がいます。

　色と色が混ざり合って少しずつ変化するにじの色のように、性別は一人一人ちがっていて、そのちがいにはっきりとした境目はないといわれています。

性はグラデーション

性は一人一人びみょうにちがうものです。自分の性別を言葉で表すことができなくても、不思議ではありません。

荒川先生から

性別以外の個性にも目を向けて

　性のあり方を表す言葉はさまざまありますが（→P.37）、「どの言葉も自分にはしっくりこない」と感じる人もいるでしょう。反対に、名前がつくことでほっとする人もいるかもしれません。自分の性別に名前をつけたい人もつけたくない人もいて、それは一人一人の自由でいいのです。

　ただ、どちらにしても、性別はその人がもつ特徴の一つでしかありません。例えば「男性」「女性」「トランスジェンダーの人」などと性別だけに注目するのはおかしいですよね。性別は「動物が好き」「算数が得意」などその人の特徴と同様に、どれもその人を形作る個性の一つでしかありません。人を理解するには、その人のさまざまな面に目を向けることが大切です。

あなたも私も、多様性を作る一人

「性は多様である」という言葉をよく耳にするようになりました。
これは「さまざまな性的少数者がいる」という意味ではありません。
すべての人が、多様な性を生きる一人なのです。

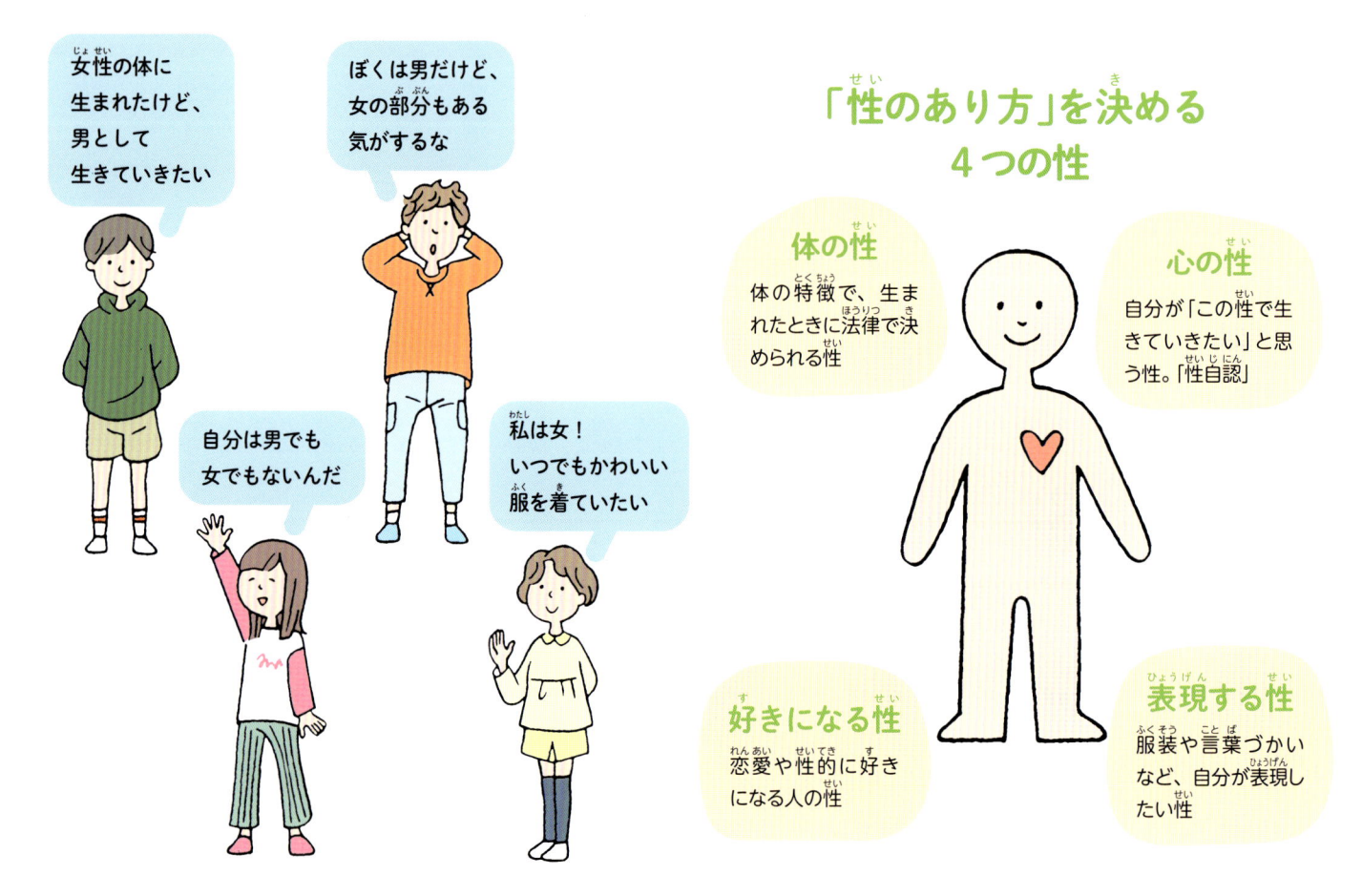

女性の体に生まれたけど、男として生きていきたい

ぼくは男だけど、女の部分もある気がするな

自分は男でも女でもないんだ

私は女！いつでもかわいい服を着ていたい

「性のあり方」を決める4つの性

体の性
体の特徴で、生まれたときに法律で決められる性

心の性
自分が「この性で生きていきたい」と思う性。「性自認」

好きになる性
恋愛や性的に好きになる人の性

表現する性
服装や言葉づかいなど、自分が表現したい性

性のあり方はさまざま

私たちは生まれたときに、体の性によって「男」か「女」に決められますが、人の性は二つに分けられない多様なものです。性格や考え方がそれぞれちがうように、性のあり方も人によって少しずつちがいます。「男の部分も少しある」という女性がいたり、「女性の服も着たい」という男性がいたり、まったく同じ人はいません。だれもが「自分だけの性」をもっていることを理解して、ちがいを認め合うことが大切です。

「性」を分解すると……

性のあり方を決めるのは、体の性だけではありません。性を分解すると、「体の性」「心の性」「好きになる性」「表現する性」の4つに分けられます。

どれも、男女どちらかに分けられるわけではなく、どちらでもない人も、どちらにも当てはまる人もいます。今はまだ決められない人、今後変わっていく人もいます。また、「好きになる性」は、性別は関係ないという人や、恋愛感情のない人もいて、それも性のあり方の一つです。

性に関わるさまざまな言葉

性に関わるさまざまな言葉には、どのような言葉があるのでしょうか。
代表的な言葉と、その意味をしょうかいします。

「性」に関わる言葉

性のあり方を表す言葉はいろいろあります。もちろん、ここに書いてある言葉だけですべての人の性のあり方を説明できるわけではありません。

しかし、これらの言葉を知ったり、使ったりすることで一人一人が多様な性をもっていることを想像しやすくなるでしょう。

LGBTQ+
レズビアン・ゲイ・バイセクシャル・トランスジェンダー・クエスチョニングの頭文字に、その他にも多くの性のあり方があることを表すプラス（＋）がつけられた言葉。

ゲイ
男性のことを好きになる男性

シスジェンダー
体の性と心の性が同じ人

バイセクシャル
男性も女性も、両方の性を好きになる人

レズビアン
女性のことを好きになる女性

アロマンティック
性別に関係なく、他人に恋愛感情をもたない人

アセクシャル
性別に関係なく、他人に性的な魅力や興味をもたない人

トランスジェンダー
体の性と心の性が一致しない人

ノンバイナリー
心の性や表現する性について、男性・女性どちらにも当てはめたくない人

クエスチョニング
心の性や好きになる性が決まっていない人、または決めたくない人

ヘテロセクシャル
異性を好きになる人

アライ
性的少数者に対して理解があり、支援をする人

Xジェンダー
心の性が男性にも女性にも当てはまらない人。「男性と女性の間の人」「男性でも女性でもある人」「男性でも女性でもない人」「男性のときもあれば女性のときもあったりして、性別がゆれ動く人」などさまざま

パンセクシャル
好きになる相手の性にとらわれない人（全性愛）

> さまざまな言葉がありますが、自分をどれかに当てはめようとする必要はありません。大切なのは性にしばられることなく、だれもが自分らしく生きられることです。

「ふつう」なんてない！

生まれたときから女の子で、スカートもはくし、女の子っぽいかわいらしいものが好き。
恋の相手は男の子。これってふつう？　……ほんとうにそうなのでしょうか？
何気なく使っているけど、「ふつう」ってどういうことなのでしょう。

あなたの「ふつう」が別の場所では……？

「ふつう」って何だろう

　私たちはよく「みんなと同じ」「当たり前」という意味で、「ふつう」という言葉を使います。でも、ほんとうに「ふつう」なことってあるのでしょうか？

　例えば、江戸時代は結婚した女性は「お歯黒」といって歯を黒く染めるのがふつうでした。また、もしあなたがUFOにさらわれて別の星に行ったら、地球人は自分だけ。宇宙人にとってあなたは「ふつう」ではなく、ものめずらしい目で見られるでしょう。

　このように、「ふつう」は時代や場所によって、簡単に変わってしまうものなのです。あなたが思うふつうも、他の人にとっても「ふつう」とは限りません。人はそれぞれ生活している環境も、好みも、考え方もちがいます。「ふつう」なんて、そもそも初めからないのかもしれません。

LGBTQ+の人はどれくらいいる？

エルジー ビーティーキュープラス

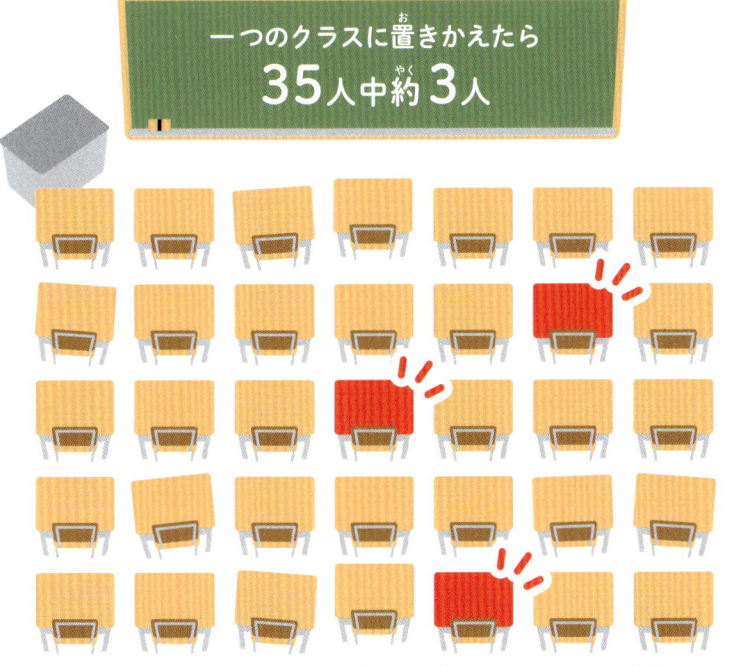

一つのクラスに置きかえたら
35人中約3人

出典/電通ダイバーシティ・ラボ『LGBTQ+調査2023』

「自分がLGBTQ+だ」という人は増えてきています。ただ、今現在も、カミングアウトしていない人がいることを考えると、もっと多くのLGBTQ+の人がいるのではないかと考えられています。

およそ10人に1人がLGBTQ+

「心の性・体の性が同じで、異性を好きになる人」に対して、これに当てはまらない人たちのことを「性的少数者（セクシャル・マイノリティ）」といいます。けれどもほんとうに、少数でめずらしい存在なのでしょうか？

「LGBTQ+」は、性的少数者を表す言葉の一つですが（→P.37）、日本では9.7%、およそ10人に1人がLGBTQ+であるという調査結果が出ています。

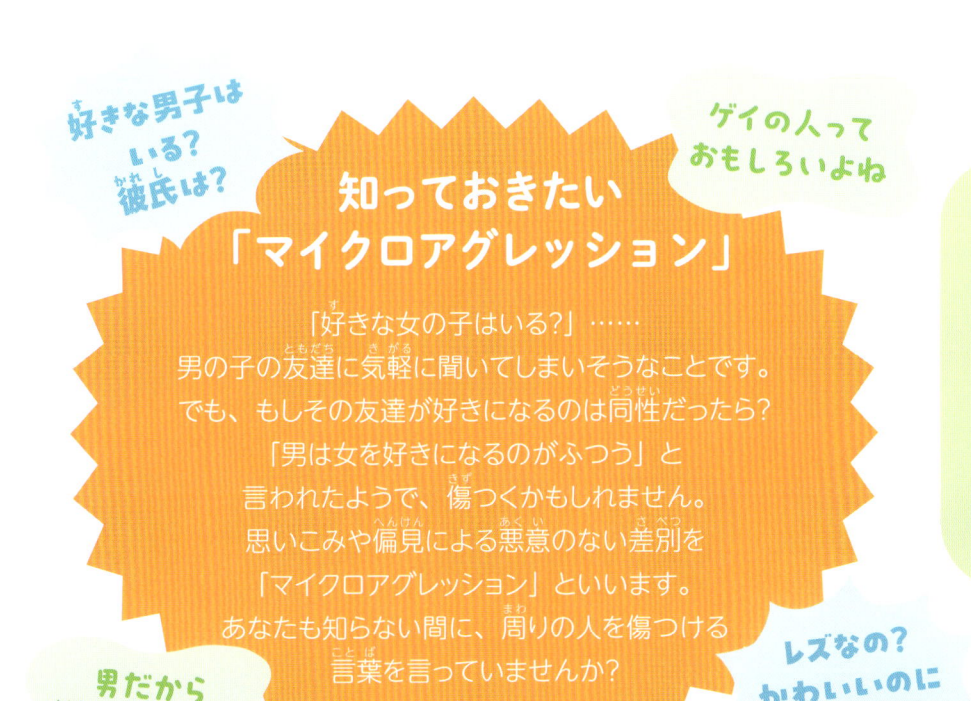

好きな男子はいる？
彼氏は？

ゲイの人っておもしろいよね

知っておきたい「マイクロアグレッション」

「好きな女の子はいる？」……
男の子の友達に気軽に聞いてしまいそうなことです。
でも、もしその友達が好きになるのは同性だったら？
「男は女を好きになるのがふつう」と
言われたようで、傷つくかもしれません。
思いこみや偏見による悪意のない差別を
「マイクロアグレッション」といいます。
あなたも知らない間に、周りの人を傷つける
言葉を言っていませんか？

男だから
力持ちでしょ？

レズなの？
かわいいのに
もったいない

性にまつわること以外でも、人種や国籍、宗教などについても、決めつけがマイクロアグレッションにつながりやすいので要注意。まずは自分の中の思いこみに気づくことが大切です。

カミングアウトをするとき・されたとき

カミングアウトのとまどいをメンテナンス

カミングアウトするのって勇気がいるし、もしカミングアウトされたらとまどうよね。
カミングアウトってしたほうがいいの？　されたときはどうしたらいいんだろう。

もやもや❶ 友達にカミングアウトするか迷う

私は女の子が好き。そのことを友達に話してもいいのかな。
カミングアウトして、いっしょに恋バナができたらうれしいけど……。

友達にだまっているのは、うそをついているみたいでつらいよね。
ほんとうに仲のよい友達にだけ、カミングアウトしてみたら？

ぼくも同性が好きだけど、友達には言えないな。
受け入れてもらえなかったときショックだから、だまってようと思う。

もやもや❷ どうしたらいいか、わからない

親友から「実は心は男なんだ」と
カミングアウトされた。今までと
同じように接していいのかな？

びっくりして今までどおりには
できないかも。
でも、傷つけたくないし……。

どう接したらいいか、本人に聞いて
みたら？　友達なんだから、
二人で話し合えばいいと思う！

もやもや❸ 他の人に話していい？

男友達が「男の子が好き」ってこと、
別の友達に話してもいいかな？
秘密にしなきゃだめ？

悪いことじゃないし、言っても
いいんじゃない？　みんなが
わかってあげられたらいいよね。

今まで秘密にしていたことを
打ち明けてくれたんでしょ？
人の秘密を勝手に言っちゃだめだよ！

する・しないは自由

カミングアウトは、自分の秘密を自ら打ち明けることで、必ずしなければいけないものではありません。「友達や家族にかくしごとをするのは悪い気がする」と思う人もいるかもしれませんが、人に話したくないことは話さなくていいのです。

カミングアウトには右のように、よい面だけでなく、危険な面もあります。そのことを理解したうえで、カミングアウトするかどうか、自分で決めることが大切です。

カミングアウトのよい面と危険性

よい面
- 自分らしくいられる
- うそをつかなくていい
- 相談がしやすくなる
- よりわかり合える

危険性
- 関係が悪くなることがある
- からかわれたり、差別されたりすることも
- 関係ない人や、知られたくない人にも話が広まる可能性がある

カミングアウトされたら

カミングアウトされたら、びっくりするかもしれません。でも、相手はあなたのことを信頼して打ち明けたはず。否定せず話を聞きましょう。

カミングアウトの前とあとで、相手が変わるわけではありません。「話してくれてありがとう」と伝え、相手のことを受け止められるといいですね。

まずは話を最後まで聞く

実は……

話してくれてありがとう。何かできることはある?

他の人には絶対に話さない

人の秘密を勝手に他人に話すことを「アウティング」といいます。アウティングは、その人が自分らしく生きる権利をうばってしまい、差別やいじめにつながる危険性があります。アウティングが原因で命を絶ってしまった人もいます。相手がだれであっても、絶対にアウティングしてはいけません。自分は自然に受け入れることができたとしても、周りの人が全員そうとは限りません。

カミングアウトを受けたら、必ず本人に「だれにカミングアウトしたのか」「話してもよい相手はいるか」確認しましょう。

荒川先生から

カミングアウトするときは……

だれでも「ほんとうの自分を知って、受け入れてほしい」と思うのはふつうのことです。もし、あなたがカミングアウトをすることを決めたのなら、まずは、だれに、どんなふうに伝えたいか考えてみましょう。「あなたに自分のことをわかってほしい」「信頼しているから伝えたいと思った」「これからも今までどおり友達でいたい」など、カミングアウトした理由やあなたの希望なども素直に伝えられるといいですね。また、直接伝える、手紙で伝えるなど、伝え方もさまざまです。自分が落ち着いて伝えやすい方法を選びましょう。

そして、アウティングを防ぐために「絶対にだれにも言わないでほしい」ということも伝えておくことが大切です。

自分の中の「思いこみ」とうまくつき合うには？

「ふつうはこうだろう」「女性（男性）だから○○だろう」などといった思いこみは、だれかを傷つけたり、自分の可能性をつぶしてしまったりすることがあります。知らないうちに、他人や自分を傷つけないためにはどうすればよいのでしょうか。

こんな思いこみ、していない？

恋人同士といえば、男性と女性

リーダー（社長）といえば、男性。サポート役（秘書）といえば、女性

若者はみんなスマホが大好き。お年寄りはITに弱い

血液型がA型の人はまじめ、B型の人はマイペース

「どうせ自分には無理だ……」と思いこむ

空気を読んで、みんなに合わせたほうがいい

「きっとこうだろう」と決めつけないで

友達から「親が消防士」と聞いたとき、父親と母親のどちらを想像しますか？「お父さんが消防士なんだ」と思う人が多いのではないでしょうか。消防士は男性のほうが多いので、「消防士＝男性」と無意識に決めつけやすいのです。

こういった思いこみは性別や職業に関するものだけではありません。年齢や人種、国籍、血液型、病気や障害など、さまざまなことで起き

ます。そういった思いこみを「○○はこうすべき」などと他人におしつけてしまうと、差別や不平等につながることがあります。

また、「自分は○○が不得意だから」「こういうときは○○すべき」といった自分自身への思いこみもあります。こういった考えは、知らないうちに自分の可能性や夢をうばってしまうこともあるのです。

思いこみに気づくことから始めよう

　無意識の思いこみは、だれにでもあるものです。その人の経験や見たり、聞いたりしたものが影響しているので、全部をなくすのは難しいのかもしれません。大切なのは、自分にも思いこみがあるということに気づくことです。

　「ふつうはこうだろう」「○○するのが当たり前だ」などと、人の気持ちや行動を決めつけるような言葉や考えがうかんだときは、特に気をつけて。自分の考えがだれかを傷つける思いこみや偏見ではないか、立ち止まって考えてみましょう。物事をいろいろな視点で考えてみるくせをつけることが大事です。

家族にも学校にも相談できないときは

名前を言わずに、電話やLINE、チャットで相談できるところがあります。

デートDVの相談窓口

●DV相談＋（内閣府委託事業）
DVについて、電話・メール・チャットでの相談に対応

電話　0120-279-889

○電話・メールは24時間365日、チャット相談は毎日12時〜22時

●DV相談ナビ（内閣府）
DVの相談機関を電話で案内

電話　#8008

※一部のIP電話は使えません。

性のあり方についての相談窓口

●よりそいホットライン
（一般社団法人社会的包摂サポートセンター）
心の性や好きになる性に関してのなやみに対応

電話　0120-279-226
（岩手県、宮城県、福島県からかける場合）
0120-279-338
（上記3県以外からかける場合）

○24時間365日

●つながるにじいろonライン
（一般社団法人SOGIE相談・社会福祉全国協議会）
心の性、好きになる性、表現する性に関してLINEでの相談に対応
○月曜日 14時〜17時
○火・水・木・土曜日 19時〜22時
○金・日曜日 22時〜深夜1時

LGBTQ+についての相談窓口

●こころの電話相談
（AGP 同性愛者医療・福祉・教育・カウンセリング専門家会議）
LGBTQ+の人のなやみや心の問題に精神科医、公認心理師、臨床心理士が対応

電話　050-5806-7216

○火曜日 20時〜22時

●フレンズライン（NPO法人Proud Futures）
24才以下のLGBTQの子ども・若者とその人たちをサポートする人のなやみに対応

電話　080-9062-2416

○日曜日 17時〜21時
12月30日〜1月5日はお休み

SNSで知らない人に相談するのは、絶対にやめましょう！優しい言葉で近づいてくる悪い大人がいます。

さくいん

大切な用語集 ようごしゅう

せいてきどうい
【性的同意】

手をつなぐ、ハグやキス、セックスなどの性的なことについて、おたがいの気持ちをしっかりと確かめ合うこと。積極的に「したい」と思っていないときは、「いや」と相手に伝えることが大事。

せいのありかた
【性のあり方】

「体の性」「心の性」「好きになる性」「表現する性」の4つで構成される。一人一人に個性があるように、性のあり方は多様なもの。

でーとでぃーぶい
【デートDV】

恋人から受ける暴力のこと。「心への暴力」「体への暴力」「性的な暴力」「お金に関する暴力」の4種類ある。「デートDVかも」と思ったら、相手からはなれて自分を守ることが大事。

ぷらいべーとぱーつ
【プライベートパーツ】

口、胸、性器、おしりのこと。これらは、体の中につながる自分だけの大切なところ。他の人が勝手にさわったり見たりしてはいけない。

へんとうたい
【扁桃体】

見たものや聞いたものなどが安全か危険かを判断し、「好き」「きらい」「楽しい」「こわい」といった感情を生み出す脳の部位。「扁桃」を意味するアーモンドのような形をしている。

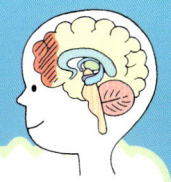

まいくろあぐれっしょん
【マイクロアグレッション】

悪気なく相手を傷つけ、差別してしまう言葉や行動のこと。「女の子なんだから、かわいい服を着なよ」「ハーフなのに日本語が上手だね」など、思いこみや偏見によって起きる。

監修 荒川雅子 あらかわ まさこ

東京学芸大学芸術・スポーツ科学系養護教育講座講師。千葉県の小学校・中学校で約20年にわたり、養護教諭として心や体に不調を抱える子どもたちの保健指導に携わる。現在は、東京学芸大学で養護教諭を目指す学生の指導・育成を行いながら、養護教諭の成長プロセスについて研究している。主な共著に『子育て支援員研修テキスト（第3版）』（中央法規出版）、『養護教諭必携シリーズ 新版 学校保健 チームとしての学校で取り組むヘルスプロモーション』（東山書房）などがある。

編著 WILLこども知育研究所

幼児・児童向けの知育教材の企画・開発・編集を行う。主な編著に『知らなかった！おなかのなかの赤ちゃん図鑑』『ぱっと見てわかる！ はじめての応急手当（全3巻）』（以上、岩崎書店）、『いろんな人に聞いてみた なんでその仕事をえらんだの？（全2巻）』（金の星社）、『すいみん図鑑（全3巻）』（フレーベル館）など多数。

もやもやしたら、どうする？

自分でできる！
心と体のメンテナンス
③性・恋愛で、もやもやしたら

2025年1月31日 　第1刷発行

監　　修	荒川雅子	
編　　著	WILLこども知育研究所	
発 行 者	小松崎敬子	
発 行 所	株式会社岩崎書店	
	〒112-0014東京都文京区関口2-3-3 7F	
	電話　03-6626-5080（営業）	
	03-6626-5082（編集）	
印　　刷	TOPPANクロレ株式会社	
製　　本	大村製本株式会社	

ISBN 978-4-265-09193-5　48p　29×22cm　NDC146
©2025　WILL
Published by IWASAKI Publishing Co., Ltd. Printed in Japan.

表紙イラスト	長野美里
イラスト	さいとうあずみ
デザイン	鳥住美和子（chocolate.）
編　集	岡 遥香（WILL）、小川由希子
ＤＴＰ	小林真美（WILL）
校　正	村井みちよ